AF194719

Impressum
Verlag: BABADADA GmbH, Nedderfeld 112 , 22529 Hamburg
Geschäftsführer / Verlagsleitung: Harald Hof
Druck: Books on Demand GmbH, In de Tarpen 42, 22848 Norderstedt

Imprint
Publisher: BABADADA GmbH, Nedderfeld 112 , 22529 Hamburg, Germany
Managing Director / Publishing direction: Harald Hof
Print: Books on Demand GmbH, In de Tarpen 42, 22848 Norderstedt, Germany

skool

школа

klaskamer
классная комната

deel
делить

186/2

raad
доска

speelgrond
школьный двор

onderwyser
учитель

papier
бумага

skryf
писать

pen
ручка

lessenaar
письменный стол

liniaal
линейка

boek
книга

leerling
ученик

skooltas

ранец

potloodhouer

пенал

potlood

карандаш

skerpmaker

точилка

rubber

ластик

tekenblok

альбом для рисования

tekening
рисунок

verfkwas
кисточка

verfoppervlak
коробка красок

skêr
ножницы

gom
клей

oefenboek
тетрадь

huiswerk
домашняя работа

12

aantal
цифра

2+2

optel
прибавлять

5-2

aftrek
вычитать

2×2

maal
умножать

bereken
считать

A

brief
буква

ABCDEFG
HIJKLMN
OPQRSTU
VWXYZ

alaphabet
алфавит

woord
слово

teks

текст

lees

читать

kryt

мел

les

урок

registreer

классный журнал

eksamen

экзамен

sertifikaat

диплом

skooluniform

школьная форма

onderwys

образование

ensiklopedie

энциклопедия

universiteit

университет

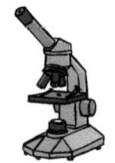

mikroskoop

микроскоп

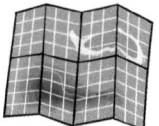

kaart

карта

vullisdrom

корзина для бумаг

hotel
гостиница

Grand

hostel
турбаза

ROOMS

bureau de change
пункт обмена валюты

EXCHANGE

tas
чемодан

motor
автомобиль

taal

язык

ja / nee

да / нет

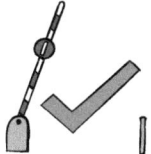

Goed

хорошо

hallo

Привет

vertaler

переводчик

Dankie

Спасибо

hoeveel is...?

Сколько стоит...?

Ek verstaan nie

Я не понимаю

probleem

проблема

Goeie naand!

Добрый вечер!

Goeie môre!

Доброе утро!

Goeie nag!

Доброй ночи!

totsiens

До свидания

rigting

направление

bagasie

багаж

sak

сумка

rugsak

рюкзак

gas

гость

kamer

комната

slaapsak

спальный мешок

tent

палатка

toeriste-inligting

туристическая
информация

strand

пляж

kredietkaart

кредитная карточка

ontbyt

завтрак

middagete

обед

aandete

ужин

kaartjie

билет

hysbak

лифт

posseël

почтовая марка

grens

граница

doeane

таможня

ambassade

посольство

visum

виза

paspoort

паспорт

vervoer

транспорт

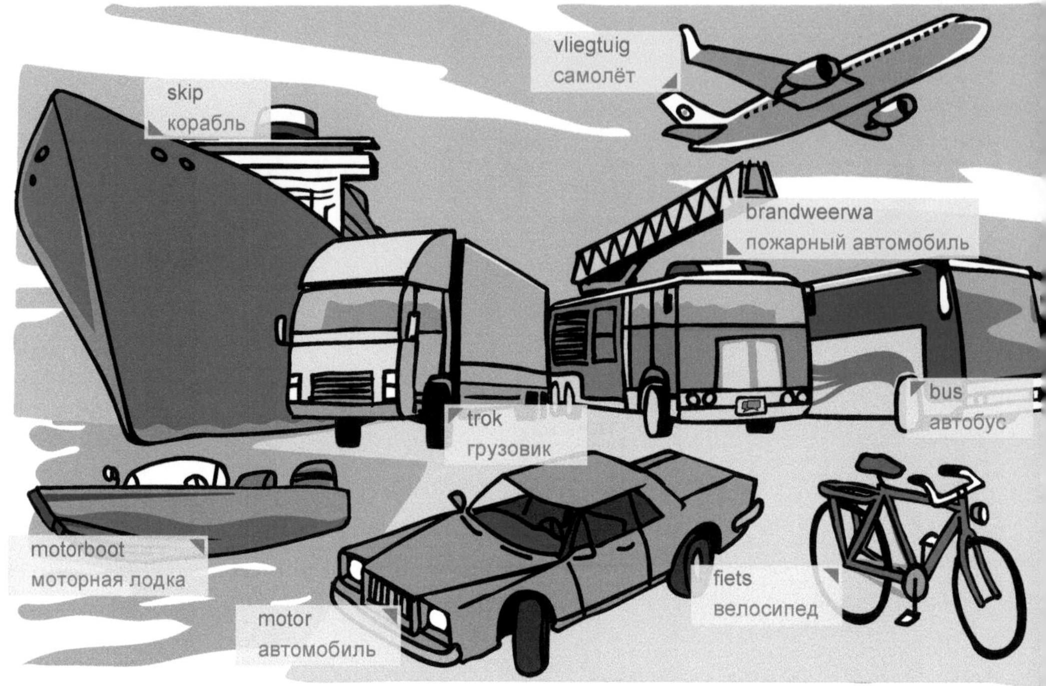

vliegtuig
самолёт
skip
корабль
brandweerwa
пожарный автомобиль
bus
автобус
trok
грузовик
motorboot
моторная лодка
fiets
велосипед
motor
автомобиль

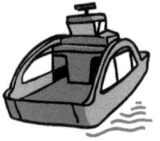

veerboot

паром

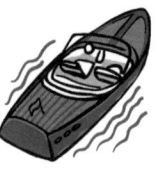

boot

лодка

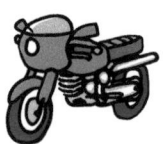

motorfiets

мотоцикл

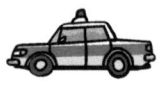

polisiemotor

полицейский автомобиль

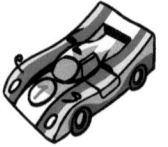

renmotor

гоночный автомобиль

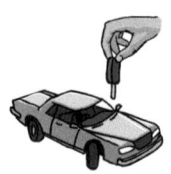

huurmotor

арендованный автомобиль

car-sharing

совместное пользование
автомобилями

insleepvoertuig

буксировочный
автомобиль

vullisverwydering

мусоровоз

enjin

двигатель

brandstof

топливо

vulstasie

заправка

verkeersteken

дорожный знак

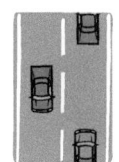

verkeer

движение

verkeersknoop

пробка

parkeerplek

автостоянка

stasie

вокзал

spore

рельсы

trein

поезд

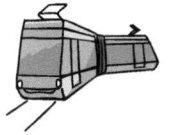

tram

трамвай

wa

вагон

helikopter

вертолёт

lughawe

аэропорт

toring

вышка

passasier

пассажир

houer

контейнер

karton

коробка

karretjie

тележка

mandjie

корзина

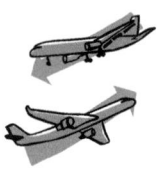

opstyg / land

взлетать / приземляться

stad

город

dorpie

деревня

middestad

центр города

huis

дом

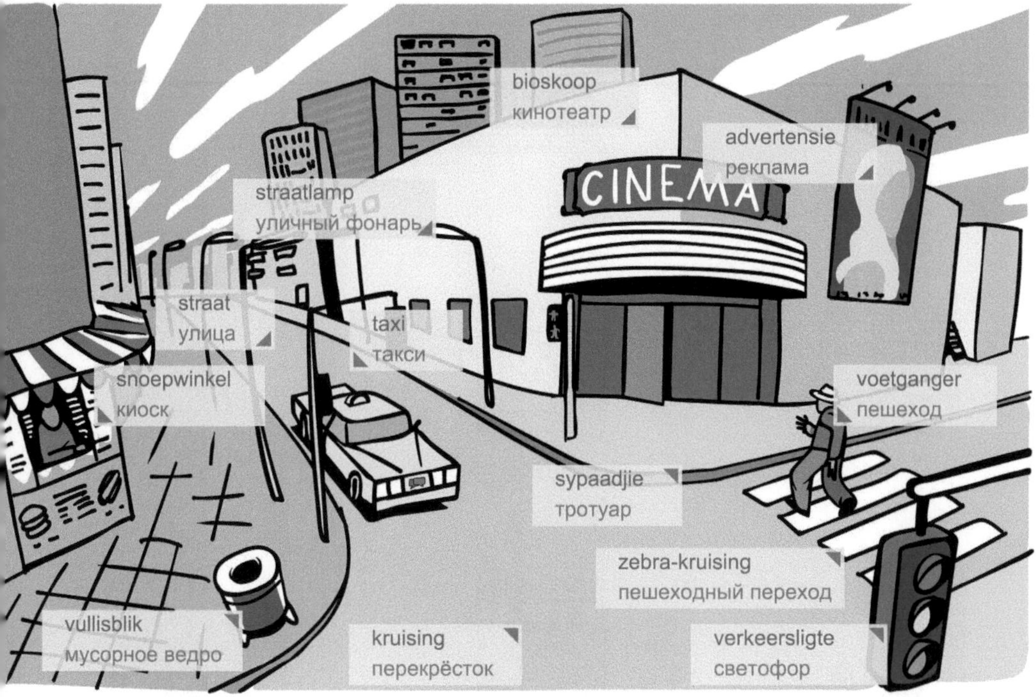

bioskoop
кинотеатр

advertensie
реклама

straatlamp
уличный фонарь

CINEMA

straat
улица

taxi
такси

snoepwinkel
киоск

voetganger
пешеход

sypaadjie
тротуар

zebra-kruising
пешеходный переход

vullisblik
мусорное ведро

kruising
перекрёсток

verkeersligte
светофор

hut

хижина

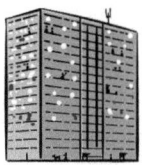

woonstel

квартира

stasie

вокзал

stadsaal

ратуша

museum

музей

skool

школа

universiteit

университет

bank

банк

hospitaal

больница

hotel

гостиница

apteek

аптека

kantoor

офис

boekwinkel

книжный магазин

winkel

магазин

bloemis

цветочный магазин

supermark

супермаркет

mark

рынок

handelshuis

универмаг

viswinkel

торговец рыбой

inkopiesentrum

торговый центр

hawe

порт

park

парк

bankie

скамейка

brug

мост

trappe

лестница

moltrein

метро

tonnel

тоннель

bushalte

автобусная остановка

kroeg

бар

restaurant

ресторан

posbus

почтовый ящик

straatnaambord

табличка с названием
улицы

parkeermeter

паркометр

dieretuin

зоопарк

swembad

бассейн

moskee

мечеть

plaas

ферма

besoedeling

загрязнение окружающей среды

begraafplaas

кладбище

kerk

церковь

speelgrond

детская площадка

tempel

храм

landskap

ландшафт

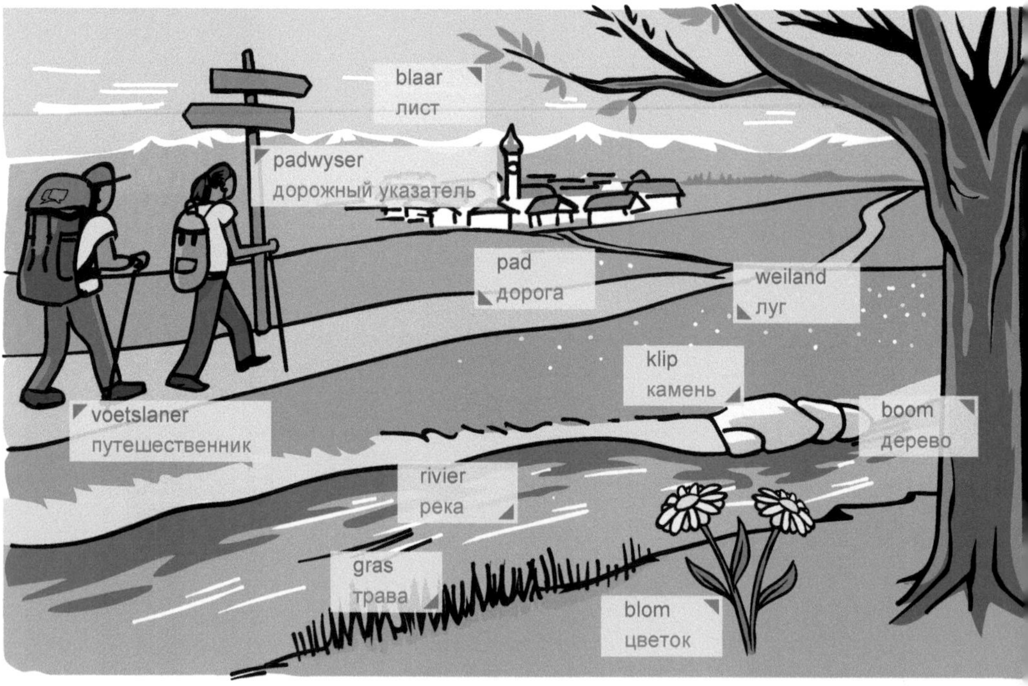

blaar
лист

padwyser
дорожный указатель

pad
дорога

weiland
луг

klip
камень

voetslaner
путешественник

boom
дерево

rivier
река

gras
трава

blom
цветок

vallei

долина

heuwel

гора

meer

озеро

bos

лес

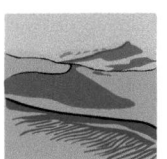

woestyn

пустыня

vulkaan

вулкан

kasteel

замок

reënboog

радуга

sampioen

гриб

palmboom

пальма

muskiet

комар

vlieg

муха

mier

муравей

by

пчела

spinnekop

паук

miskruier

жук

padda

лягушка

eekhoring

белка

krimpvarkie

еж

haas

заяц

uil

сова

voël

птица

swaan

лебедь

wildevark

кабан

takbok

олень

elk

лось

opgaardam

плотина

windturbine

ветряной генератор

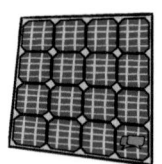

sonpaneel

солнечная батарея

klimaat

климат

kelner
официант

menu
меню

stoel
стул

sop
суп

pizza
пицца

tafeldoek
скатерть

eetgerei
столовые приборы

voorgereg

закуска

hoofgereg

главное блюдо

nagereg

десерт

drankies

напитки

kos

еда

bottel

бутылка

kitskos

фастфуд

straatkos

уличная еда

teepot

чайник

suikerverpakking

сахарница

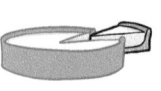

porsie

порция

espresso masjien

кофеварка

hoë stoel

детский стульчик

rekening

счет

skinkbord

поднос

mes

нож

vurk

вилка

lepel

ложка

teelepel

чайная ложка

servet

салфетка

glas

стакан

restaurant - ресторан

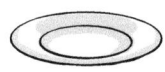

gereg
....
тарелка

sopbakkie
....
суповая тарелка

piering
....
блюдце

sous
....
соус

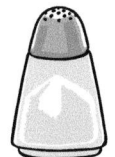

soutpot
....
солонка

pepermeul
....
мельница для перца

asyn
....
уксус

olie
....
масло

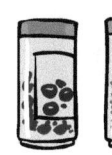

speserye
....
специи

tamatiesous
....
кетчуп

mosterd
....
горчица

mayonaise
....
майонез

supermark

супермаркет

spesiale aanbieding
специальное предложение
FOR
kliënt
покупатель
suiwelprodukte
молочные продукты
vrugte
фрукты
trollie
тележка для покупок

BUTCHERS

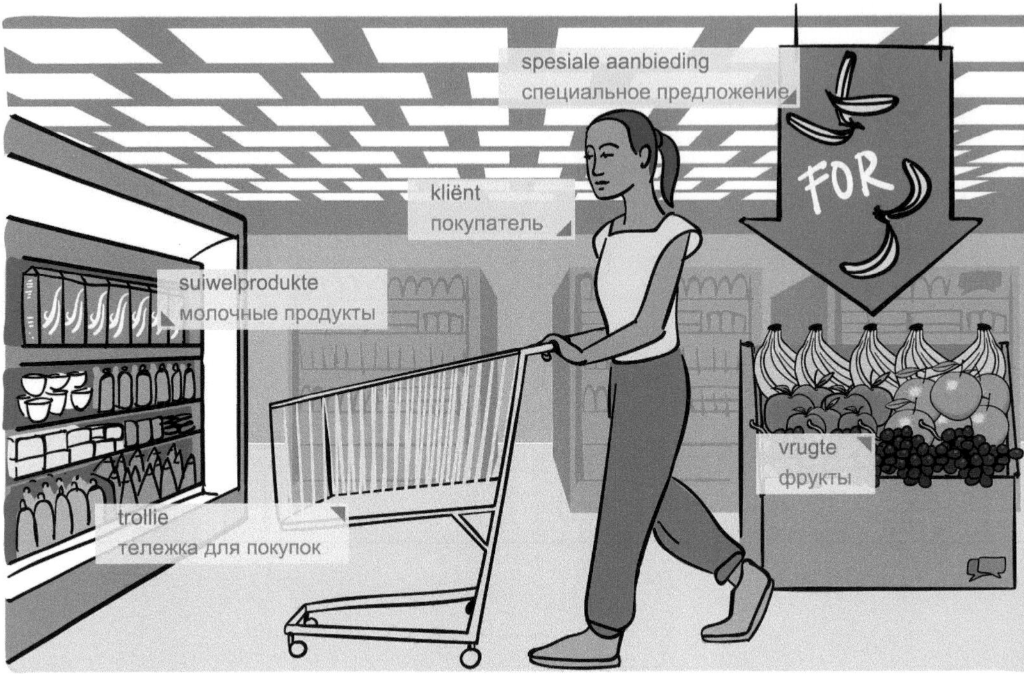

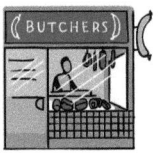

slaghuis

мясной магазин

BAKERY

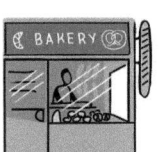

bakkery

пекарня

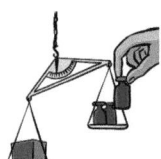

weeg

взвешивать

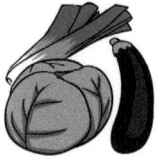

groente

овощи

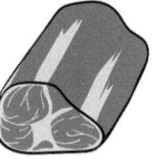

vleis

мясо

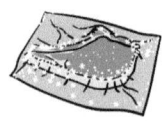

bevrore voedsel

быстрозамороженные продукты

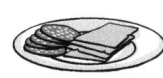

kouevleis

нарезка

blikkieskos

консервы

waspoeier

стиральный порошок

lekkers

сладости

huishoudelike produkte

предмет домашнего обихода

skoonmaakprodukte

моющее средство

verkoopsvrou

продавщица

kasregister

касса

kassier

кассир

inkopielys

список покупок

besigheidsure

время работы

beursie

бумажник

kredietkaart

кредитная карточка

sak

сумка

plastieksak

полиэтиленовый пакет

supermark - супермаркет

water

вода

sap

сок

melk

молоко

coke

кока-кола

wyn

вино

bier

пиво

alkohol

алкоголь

kakao

какао

tee

чай

koffie

кофе

espresso

эспрессо

cappuccino

капучино

piesang

банан

appel

яблоко

lemoen

апельсин

waatlemoen

арбуз

suurlemoen

лимон

wortel

морковь

knoffel

чеснок

bamboes

бамбук

ui

лук

sampioen

гриб

neute

орехи

noedels

лапша

spaghetti

спагетти

rys

рис

slaai

салат

aartappelskyfies

картофель фри

gebraaide aartappels

жареный картофель

pizza

пицца

hamburger

гамбургер

toebroodjie

сэндвич

kotelet

шницель

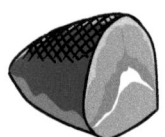

ham

ветчина

salami

салями

wors

колбаса

hoender

курица

braaivleis

жаркое

vis

рыба

hawermoutflokkies

овсяные хлопья

muesli

мюсли

graanvlokkies

кукурузные хлопья

meel

мука

croissant

круассан

broodrolletjie

булочка

brood

хлеб

roosterbrood

тост

koekies

печенье

botter

масло

dikmelk

творог

koek

пирог

eier

яйцо

gebraaide eier

яичница

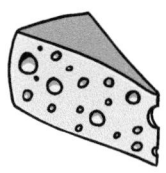

kaas

сыр

roomys

мороженое

suiker

сахар

heuning

мёд

konfyt

мармелад

nougat-smeer

крем с нугой

kerrie

карри

plaas

ферма

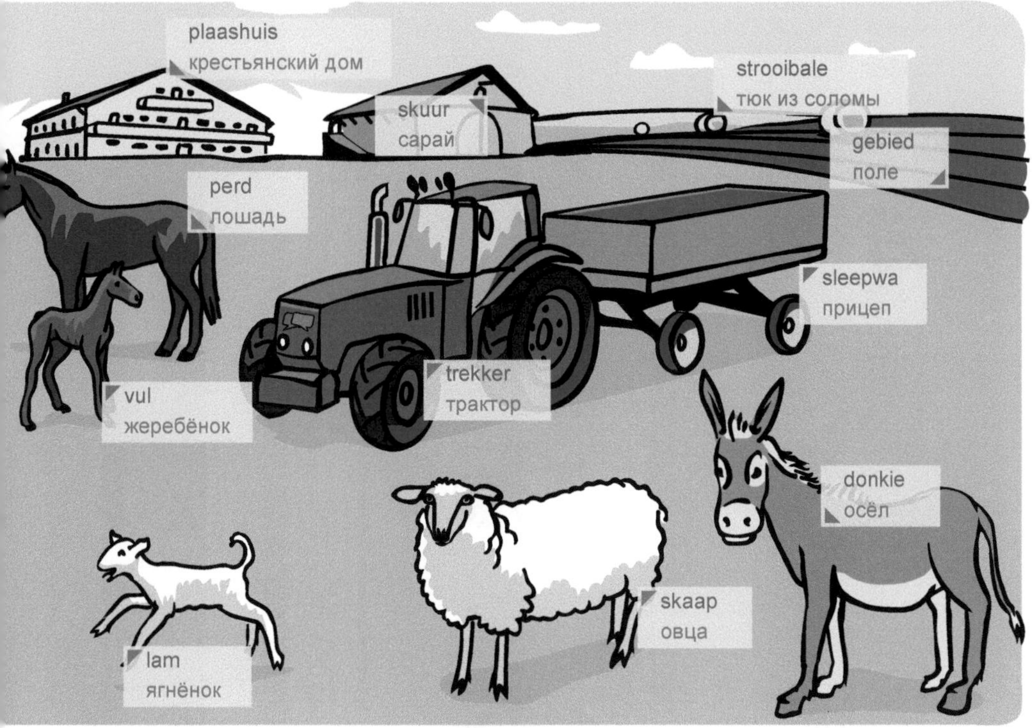

plaashuis
крестьянский дом
strooibale
тюк из соломы
skuur
сарай
gebied
поле
perd
лошадь
sleepwa
прицеп
trekker
трактор
vul
жеребёнок
donkie
осёл
skaap
овца
lam
ягнёнок

bok

козa

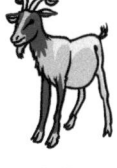

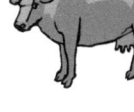

koei

корова

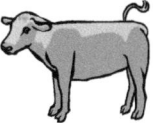

kalf

телёнок

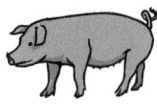

vark

свинья

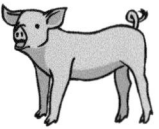

varkie

поросёнок

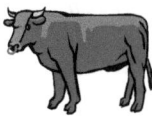

bul

бык

gans

гусь

eend

утка

kuiken

цыплёнок

hen

курица

haan

петух

rot

крыса

kat

кошка

muis

мышь

os

вол

hond

собака

hondehok

конура

tuinslang

садовый шланг

gieter

лейка

sens

коса

ploeg

плуг

sekel
серп

skoffel
мотыга

gaffel
навозные вилы

byl
топор

kruiwa
тачка

trog
корыто

melkkan
бидон для молока

sak
мешок

heining
забор

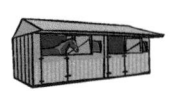

stal
хлев

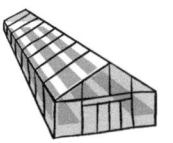

kweekhuis
теплица

grond
почва

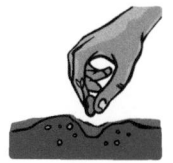

saad
посев

kunsmis
удобрение

stroper
комбайн

oes

собирать урожай

oes

урожай

yam

ямс

koring

пшеница

soja

соя

aartappel

картофель

koring

кукуруза

raapsaad

рапс

vrugteboom

фруктовое дерево

broodwortel

маниок

graan

злаки

huis

дом

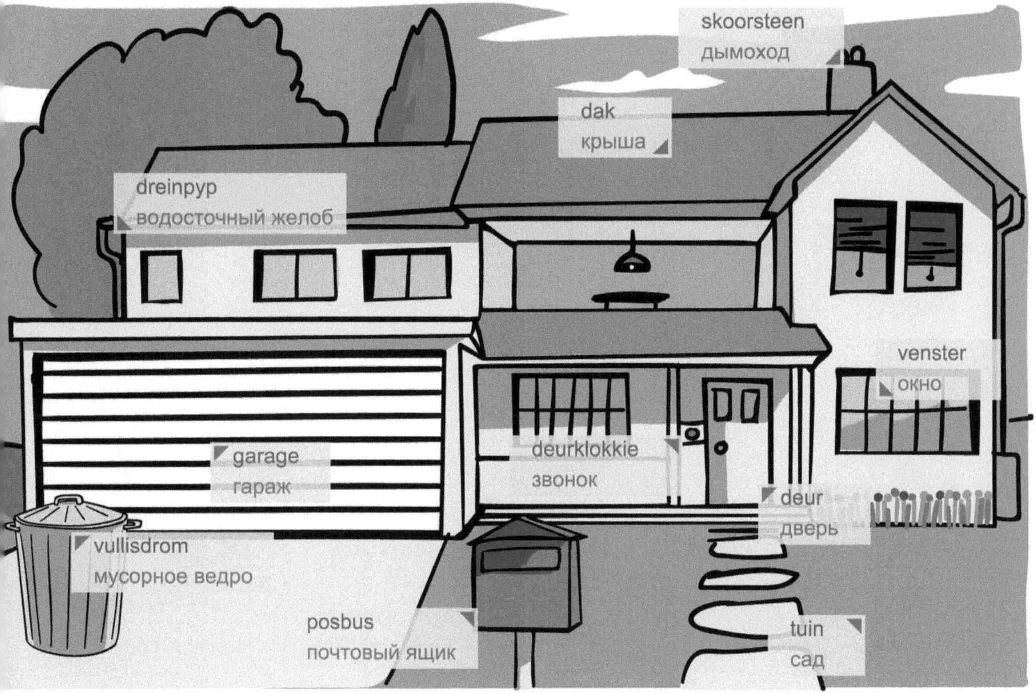

skoorsteen
дымоход
dak
крыша
dreinpyp
водосточный желоб
venster
окно
garage
гараж
deurklokkie
звонок
deur
дверь
vullisdrom
мусорное ведро
posbus
почтовый ящик
tuin
сад

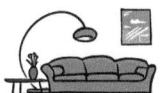

woonkamer

гостиная

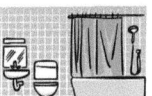

badkamer

ванная комната

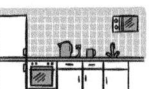

kombuis

кухня

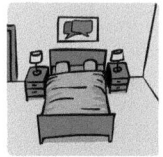

slaapkamer

спальня

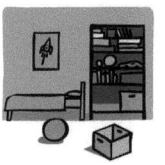

kinderkamer

детская комната

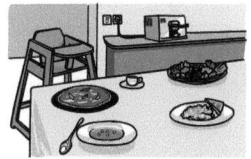

eetkamer

столовая

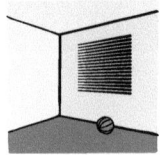

vloer

пол

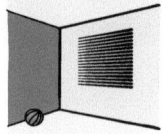

muur

стена

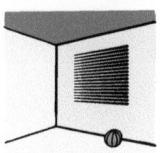

plafon

потолок

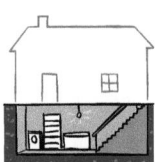

kelder

подвал

sauna

сауна

balkon

балкон

terras

терраса

swembad

бассейн

grassnyer

газонокосилка

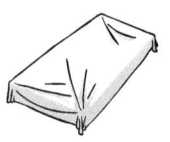

beddegoedoortreksel

пододеяльник

deken

покрывало

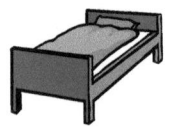

bed

кровать

besem

метла

emmer

ведро

skakelaar

выключатель

woonkamer
гостиная

muurpapier
обои
prentjie
рисунок
lamp
лампа
rak
полка
kas
шкаф
televisie
телевизор
kaggel
камин
blom
цветок
kussing
подушка
rusbank
диван
vaas
ваза
afstandbeheer
пульт дистанционного управления

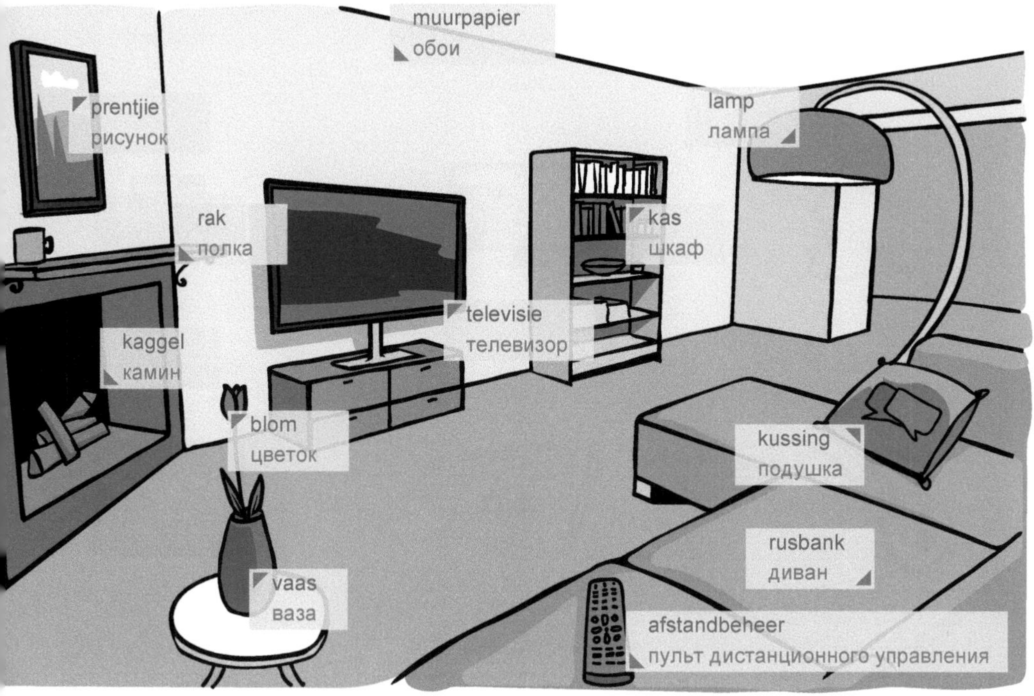

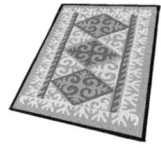

mat

ковёр

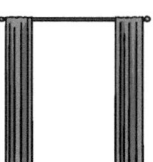

gordyn

штора

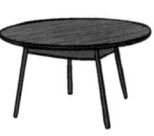

tafel

стол

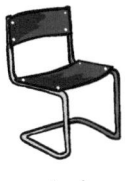

stoel

стул

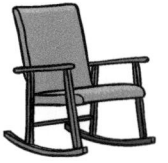

wiegstoel

кресло-качалка

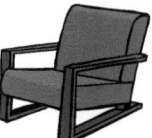

leunstoel

кресло

boek

книга

kombers

покрывало

versiering

украшение

vuurmaakhout

дрова

film

фильм

hoëtroustel

стереосистема

sleutel

ключ

koerant

газета

skildery

картина

plakkaat

плакат

radio

радио

notaboekie

блокнот

stofsuier

пылесос

kaktus

кактус

kers

свеча

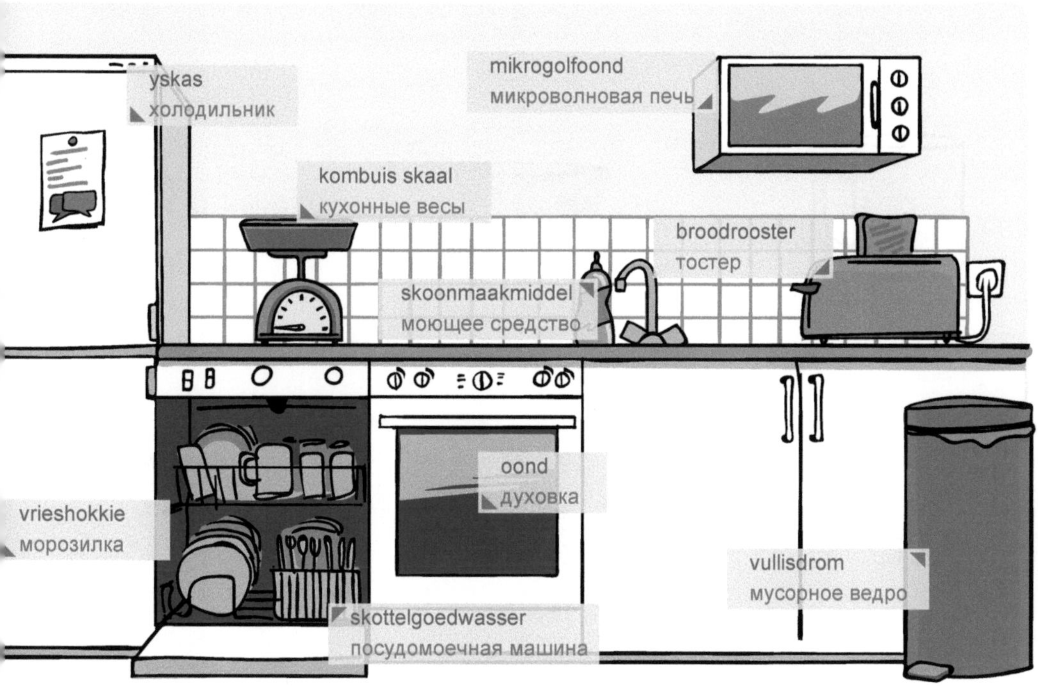

yskas
холодильник

mikrogolfoond
микроволновая печь

kombuis skaal
кухонные весы

broodrooster
тостер

skoonmaakmiddel
моющее средство

oond
духовка

vrieshokkie
морозилка

vullisdrom
мусорное ведро

skottelgoedwasser
посудомоечная машина

drukkoker

плита

pot

кастрюля

ysterpot

чугунный котелок

wok / kadai

вок / кадай

pan

сковорода

ketel

чайник

stoomkoker

пароварка

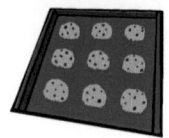

bakplaat

противень

breekware

посуда

beker

кружка

bak

миска

eetstokkie

палочки для еды

skeplepel

половник

spatel

лопатка

klitser

сбивалка

sif

сито

sif

сито

rasper

тёрка

vysel

ступка

braai

гриль

oop vuur

костёр

broodplank

доска

koekroller

скалка

kurktrekker

штопор

kan

жестяная банка

blikoopmaker

консервный нож

vatlap

прихватка

opwasbak

раковина

borsel

щетка

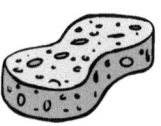

spons

губка

menger

миксер

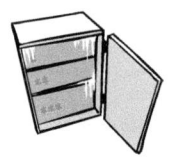

vrieskas

морозильная камера

bababottel

бутылочка для кормления

kraan

кран

badkamer

ванная комната

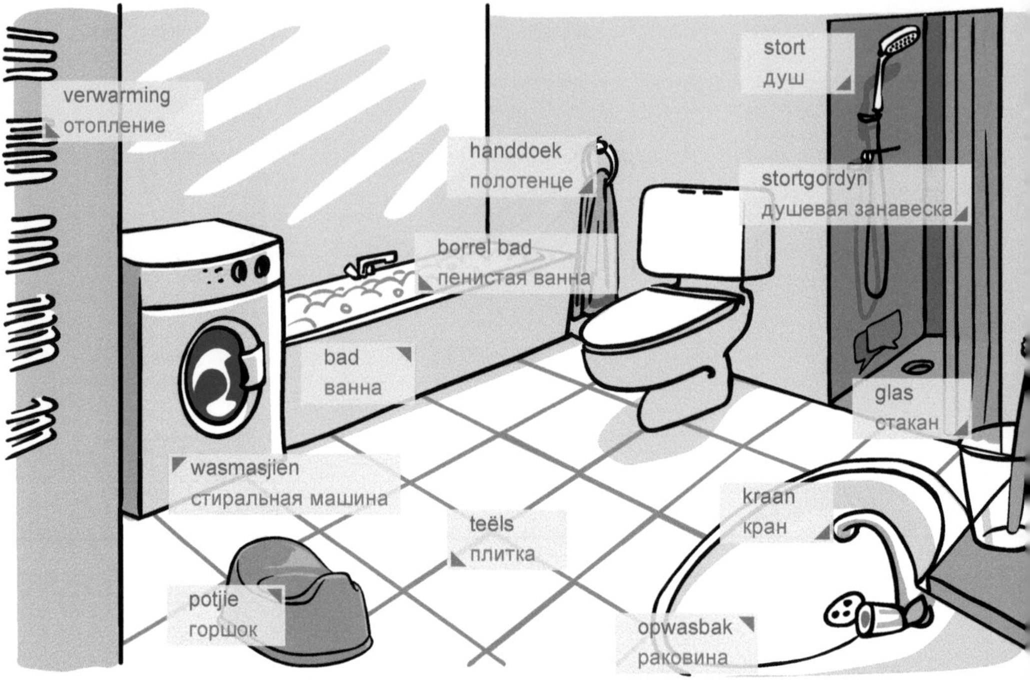

verwarming
отопление
handdoek
полотенце
stort
душ
stortgordyn
душевая занавеска
borrel bad
пенистая ванна
bad
ванна
glas
стакан
wasmasjien
стиральная машина
kraan
кран
teëls
плитка
potjie
горшок
opwasbak
раковина

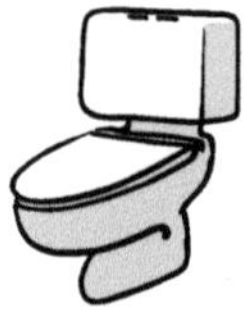

toilet

туалет

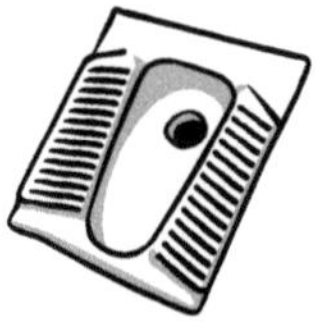

hurktoilet

напольный унитаз

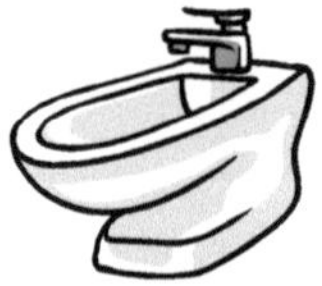

bidet

биде

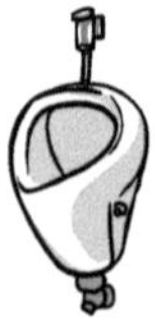

urinaal

писсуар

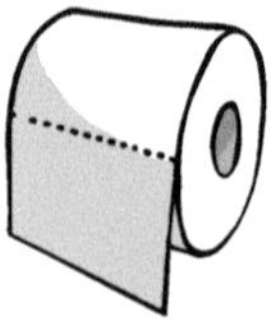

toiletpapier

туалетная бумага

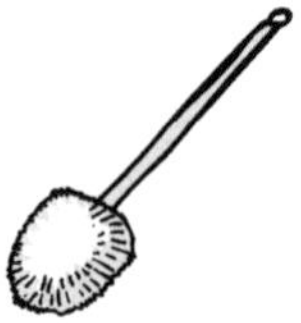

toiletborsel

ершик

tandeborsel

зубная щетка

tandepasta

зубная паста

tande vlos

зубная нить

was

мыть

handstort

ручной душ

stort

интимный душ

wasbak

таз

rugkantborsel

щетка для спины

seep

мыло

stortgel

гель для душа

sjampoe

шампунь

flanel

мочалка

drein

сток

room

крем

reukweerder

дезодорант

spieël

зеркало

spieëltjie

ручное зеркало

skeermes

бритва

skeerroom

пена для бритья

naskeermiddel

лосьон после бритья

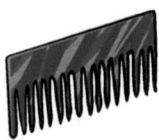

kam

расческа

borsel

щетка

haardroër

фен

haarsproei

лак для волос

grimmering

косметика

lipstifie

губная помада

naellak

лак для ногтей

watte

вата

naelknipper

маникюрные ножницы

parfuum

духи

badkamer - ванная комната

toiletsakkie

косметичка

stoel

табуретка

skaal

весы

badjas

халат

rubberhandskoene

резиновые перчатки

tampon

тампон

sanitêre handdoek

гиеническая прокладка

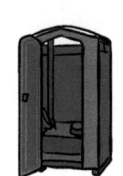

chemiese toilet

биотуалет

kinderkamer

детская комната

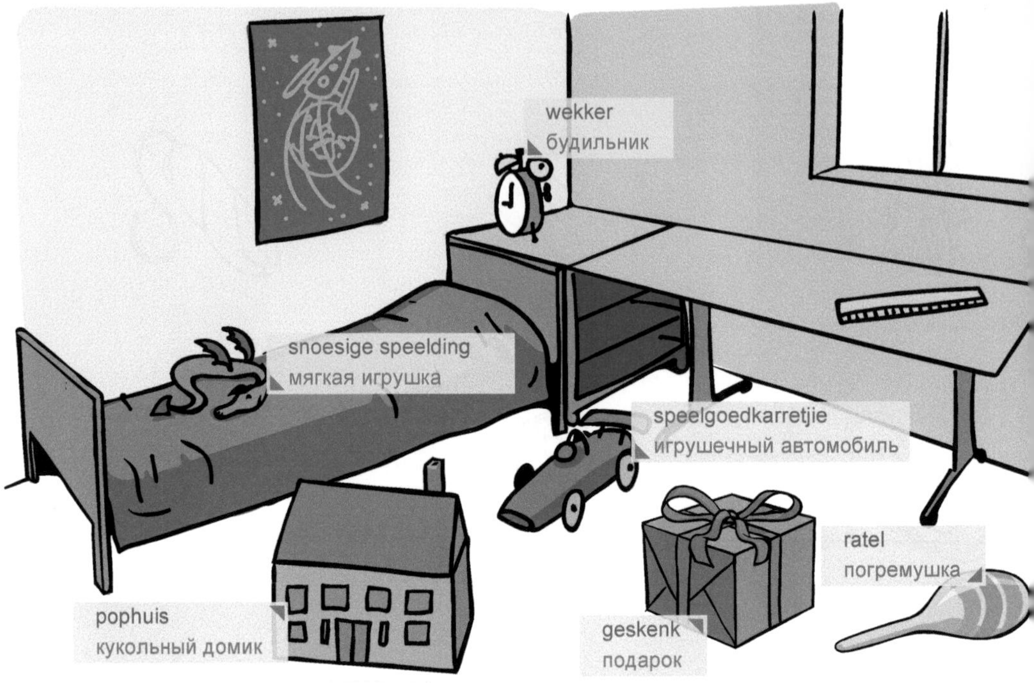
wekker
будильник
snoesige speelding
мягкая игрушка
speelgoedkarretjie
игрушечный автомобиль
ratel
погремушка
pophuis
кукольный домик
geskenk
подарок

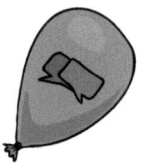

ballon

воздушный шар

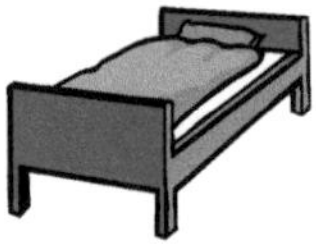

bed

кровать

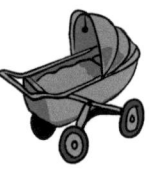

stootwaentjie

детская коляска

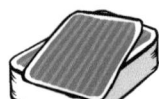

kaartespel

карточная игра

legkaart

пазл

SUPER
MEGA

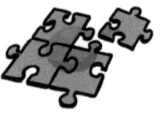

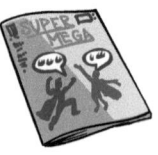

tekenprent

комикс

lego-blokkies

кирпичики Лего

speelgoedblokke

кубики

animasieheld

игрушечная фигурка

groeipakkie

ползунки

frisbee

фрисби

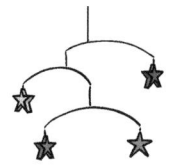

mobile

мобиле

bordspeletjie

настольная игра

dobbelsteen

кубик

model trein stel

модель железной дороги

fopspeen

соска

partytjie

вечеринка

prenteboek

книга с картинками

bal

мяч

pop

кукла

speel

играть

sandput

песочница

swaai

качели

speelgoed

игрушка

videospeletjie-konsole

игровая приставка

driewiel

трёхколесный велосипед

teddiebeer

плюшевый медвежонок

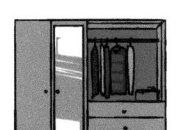

klerekas

шкаф для одежды

klere

одежда

sokkies

носки

kouse

чулки

broekiekouse

колготки

serp
шарф

sambreel
зонтик

t-hemp
футболка

belt
ремень

skoene
сапоги

pantoffels
тапки

tekkies
кроссовки

sandale
сандалии

skoene
ботинки

rubber stewels
резиновые сапоги

onderbroek
трусы

bra
бюстгальтер

onderbaadjie
майка

klere - одежда

liggaam

боди

broek

брюки

jeans

джинсы

romp

юбка

bloes

блузка

hemp

рубашка

oortrektrui

свитер

oortrektrui

свитер

baadjie

спортивная куртка

baadjie

жакет

jas

пальто

reënjas

плащ

kostuum

костюм

rok

платье

trourok

свадебное платье

pak

мужской костюм

nagrok

ночная сорочка

pajamas

пижама

sari

сари

kopdoek

платок

tulband

тюрбан

burqa

паранджа

kaftan

кафтан

abaya

абайя

swembroek

купальник

swembroek

плавки

kortbroek

шорты

sweetpak

спортивный костюм

voorskoot

фартук

handskoene

перчатки

knoppie

пуговица

bril

очки

armband

браслет

halssnoer

цепочка

ring

кольцо

oorbel

серьга

pet

шапка

klerehanger

вешалка

hoed

шляпа

das

галстук

rits

застежка молния

helmet

шлем

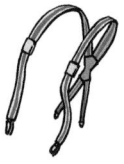

draadjies

подтяжки

skooluniform

школьная форма

uniform

форма

bib

детский нагрудник

fopspeen

соска

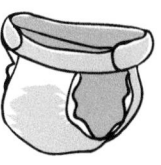

doek

подгузник

kantoor

офис

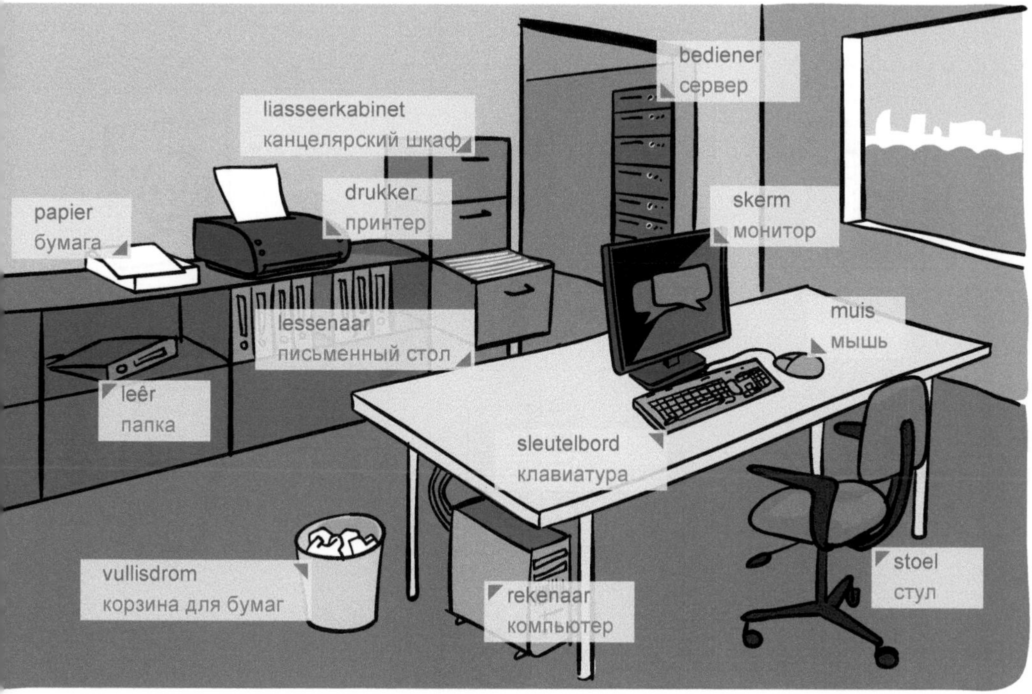

liasseerkabinet
канцелярский шкаф

bediener
сервер

papier
бумага

drukker
принтер

skerm
монитор

lessenaar
письменный стол

muis
мышь

leêr
папка

sleutelbord
клавиатура

stoel
стул

vullisdrom
корзина для бумаг

rekenaar
компьютер

koffiebeker

кофейная кружка

sakrekenaar

калькулятор

internet

интернет

skootrekenaar

ноутбук

brief

письмо

boodskap

сообщение

selfoon

мобильный телефон

netwerk

сеть

fotostaatmasjien

ксерокс

sagteware

программа

telefoon

телефон

muurprop

розетка

faksmasjien

факс

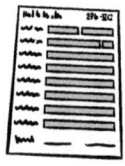

vorm

формуляр

dokument

документ

koop

покупать

betaal

платить

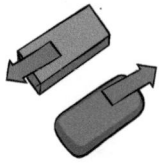

besigheid doen

торговать

geld

деньги

  **USD**

dollar

доллар

  **EUR**

euro

евро

  **JPY**

yen

иена

  **RUB**

roebel

рубль

  **CHF**

switserse frank

франк

  **CNY**

renminbi yuan

жэньминьби юань

  **INR**

rupee

рупия

kontantteller (ATM)

банкомат

bureau de change

пункт обмена валюты

goud

золото

silwer

серебро

olie

нефть

energie

энергия

prys

цена

kontrak

договор

belasting

налог

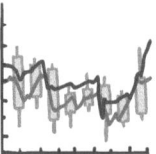

aandele

акция

werk

работать

werknemer

служащий

werkgewer

работодатель

fabriek

фабрика

winkel

магазин

beroepe

профессии

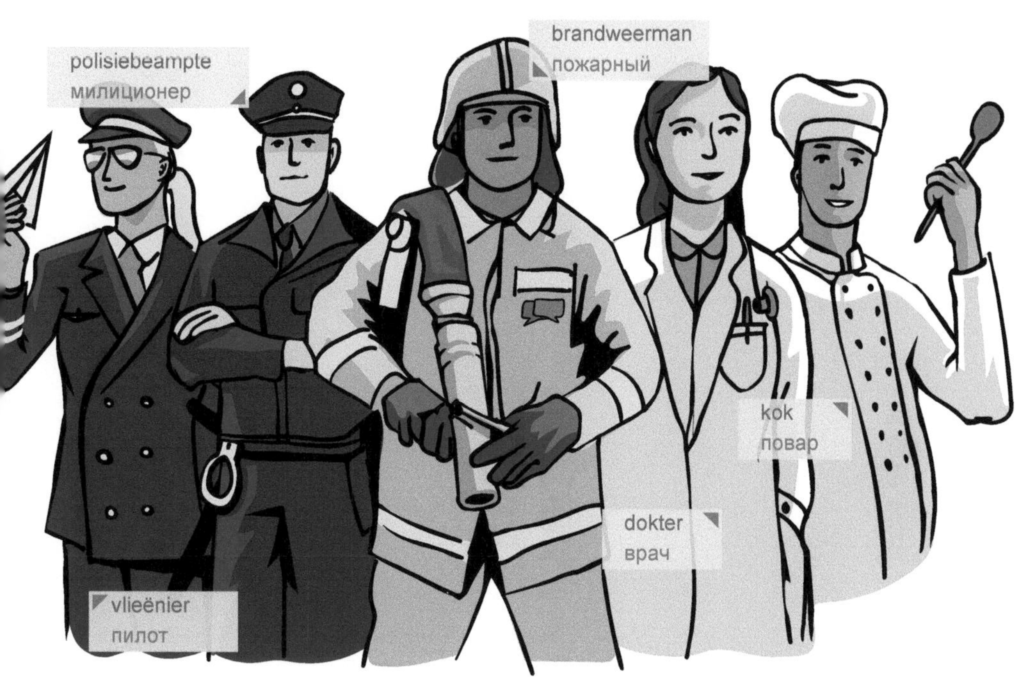

polisiebeampte
милиционер
brandweerman
пожарный
kok
повар
dokter
врач
vlieënier
пилот

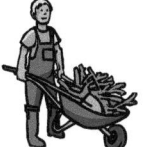

tuinier

садовник

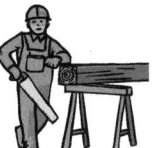

timmerman

столяр

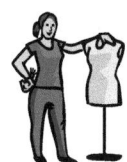

naaldwerkster

швея

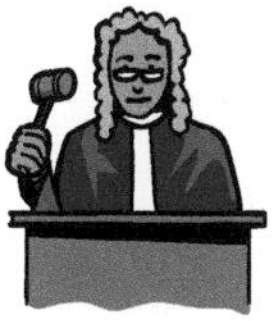

regter

судья

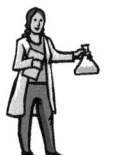

chemikus

химик

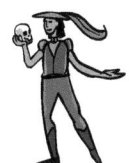

akteur

актёр

busbestuurder

водитель автобуса

taxibestuurder

таксист

visserman

рыбак

skoonmaakvrou

уборщица

dakwerker

кровельщик

kelner

официант

jagter

охотник

skilder

художник

bakker

пекарь

elektrisiën

электрик

bouer

строитель

ingenieur

инженер

slagter

мясник

loodgieter

сантехник

posman

почтальон

soldaat

солдат

argitek

архитектор

kassier

кассир

bloemiste

флорист

haarkapper

парикмахер

kondukteur

кондуктор

werktuigkundige

механик

kaptein

капитан

tandarts

зубной врач

wetenskaplike

ученый

rabbi

раввин

imam

имам

monnik

монах

predikant

священник

gereedskap
инструменты

tang
плоскогубцы
hammer
молоток
skroewedraaier
отвёртка
flitslig
карманный фо
moersleutel
гаечный ключ

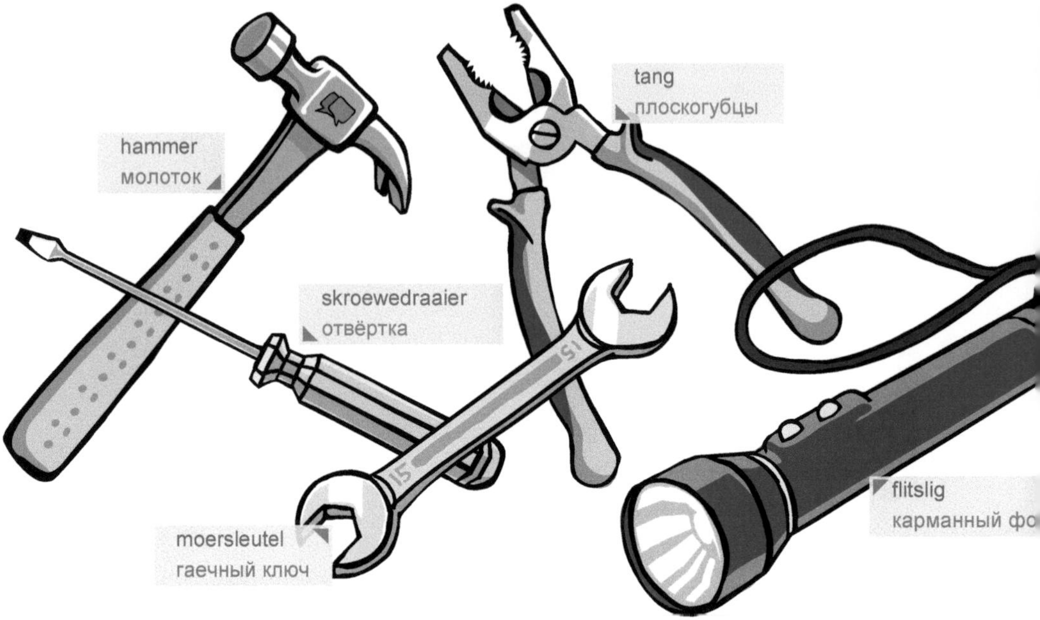

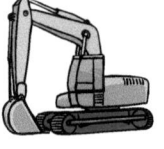

graaftoestel

экскаватор

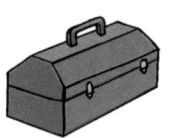

gereedskapskis

ящик для инструментов

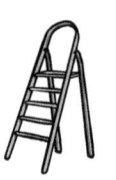

leer

стремянка

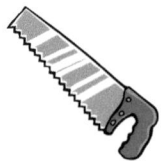

saag

пила

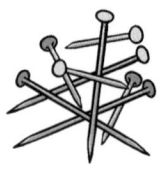

naels

гвозди

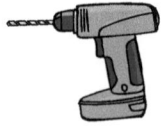

boor

дрель

regmaak

ремонтировать

graaf

лопата

verdomp!

Блин!

skoppie

совок

verfpot

ведро с краской

skroewe

винты

musiekinstrumente
музыкальные инструменты

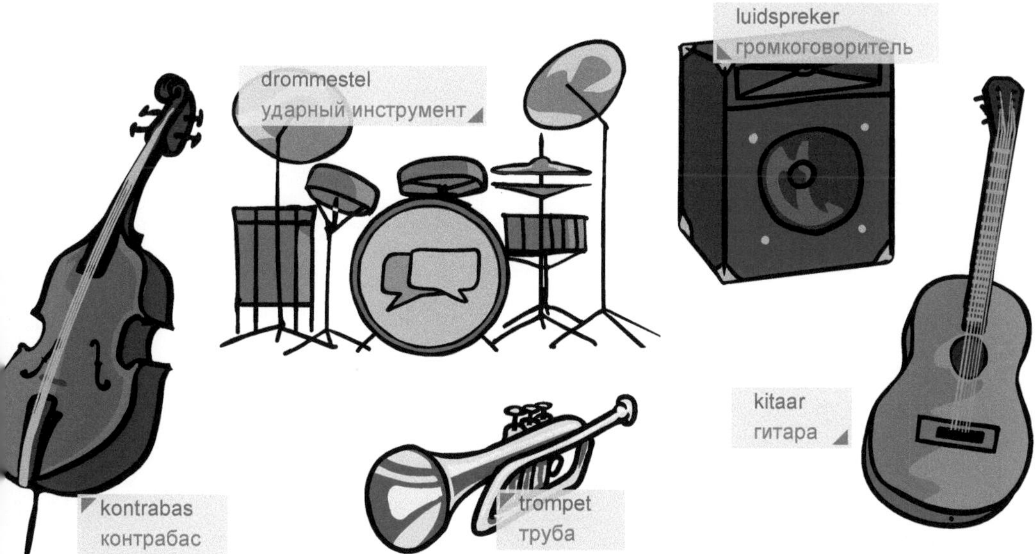

luidspreker
громкоговоритель

drommestel
ударный инструмент

kitaar
гитара

kontrabas
контрабас

trompet
труба

klavier

пианино

viool

скрипка

bas

бас-гитара

keteltrom

литавры

dromme

барабан

sleutelbord

синтезатор

saksofoon

саксофон

fluit

флейта

mikrofoon

микрофон

tier
тигр

ingang
вход

hok
клетка

zebra
зебра

veevoer
корм

panda
панда

diere

животные

olifant

слон

kangaroo

кенгуру

renoster

носорог

gorilla

горилла

beer

медведь

kameel

верблюд

volstruis

страус

leeu

лев

aap

обезьяна

flamink

фламинго

papegaai

попугай

ysbeer

белый медведь

pikkewyn

пингвин

haai

акула

pou

павлин

slang

змея

krokodil

крокодил

dieretuinopsigter

служитель зоопарка

rob

тюлень

jaguar

ягуар

ponie

пони

luiperd

леопард

seekoei

бегемот

kameelperd

жираф

arend

орёл

wildevark

кабан

vis

рыба

skilpad

черепаха

walrus

морж

jakkals

лиса

gemsbok

газель

Amerikaanse Voetbal
американский футбол

fietsry
езда на велосипеде

tennis
теннис

basketbal
баскетбол

swem
плавание

boks
бокс

ys-hokkie
хоккей

sokker
футбол

pluimbal
бадминтон

atletiek
лёгкая атлетика

handbal
гандбол

ski
лыжный спорт

polo
поло

aktiwiteite
действия

lag
смеяться
spring
прыгать
drukkie
обнимать
loop
идти
sing
петь
droom
мечтать
bid
молиться
soen
целовать

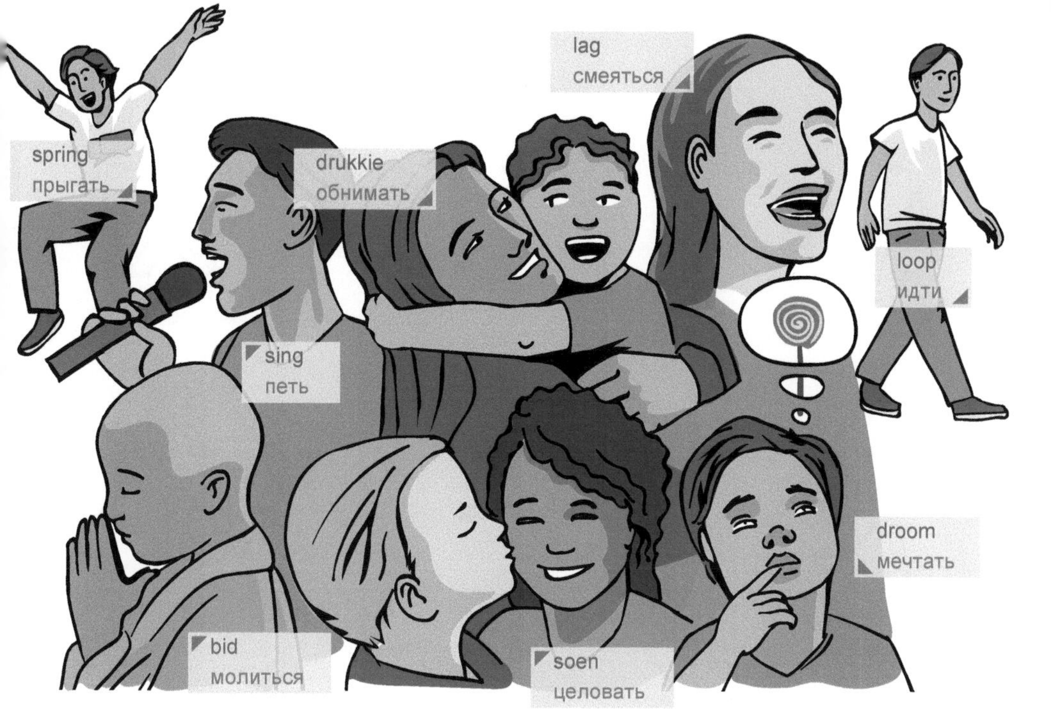

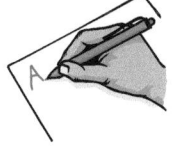

skryf

писать

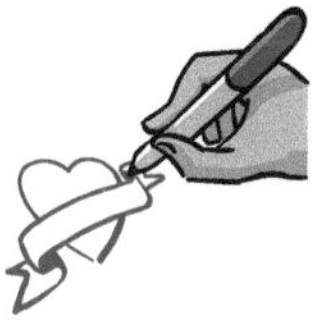

teken

рисовать

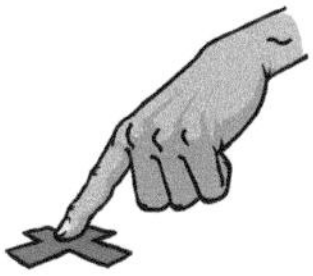

show

показывать

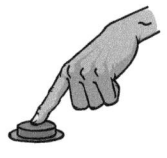

druk

нажимать

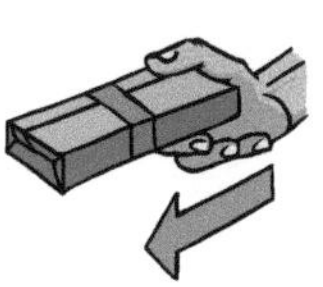

gee

давать

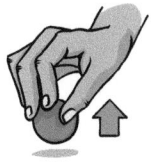

neem

брать

het

иметь

doen

делать

wees

быть

staan

стоять

hardloop

бежать

trek

тянуть

gooi

бросать

val

падать

jok

лежать

wag

ждать

dra

носить

sit

сидеть

aantrek

надевать

slaap

спать

wakker word

просыпаться

kyk na

рассматривать

huil

плакать

streel

гладить

kam

причесывать

praat

говорить

verstaan

понимать

vra

спрашивать

luister

слушать

drink

пить

eet

кушать

opruim

наводить порядок

liefhê

любить

kook

готовить

ry

ехать

vlieg

летать

seil

ходить под парусом

bereken

считать

lees

читать

leer

учиться

werk

работать

trou

вступать в брак

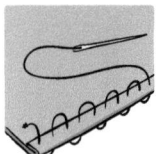

naai

шить

tande borsel

чистить зубы

doodmaak

убивать

rook

курить

stuur

отправлять

ouma
бабушка

oupa
дедушка

pa
папа

ma
мама

baba
младенец

dogter
дочь

seun
сын

gas

гость

tannie

тетя

oom

дядя

broer

брат

suster

сестра

liggaam

тело

voorkop
лоб
oog
глаз
skouer
плечо
vinger
палец
gesig
лицо
ken
подбородок
hand
кисть
been
нога
bors
грудь
arm
рука

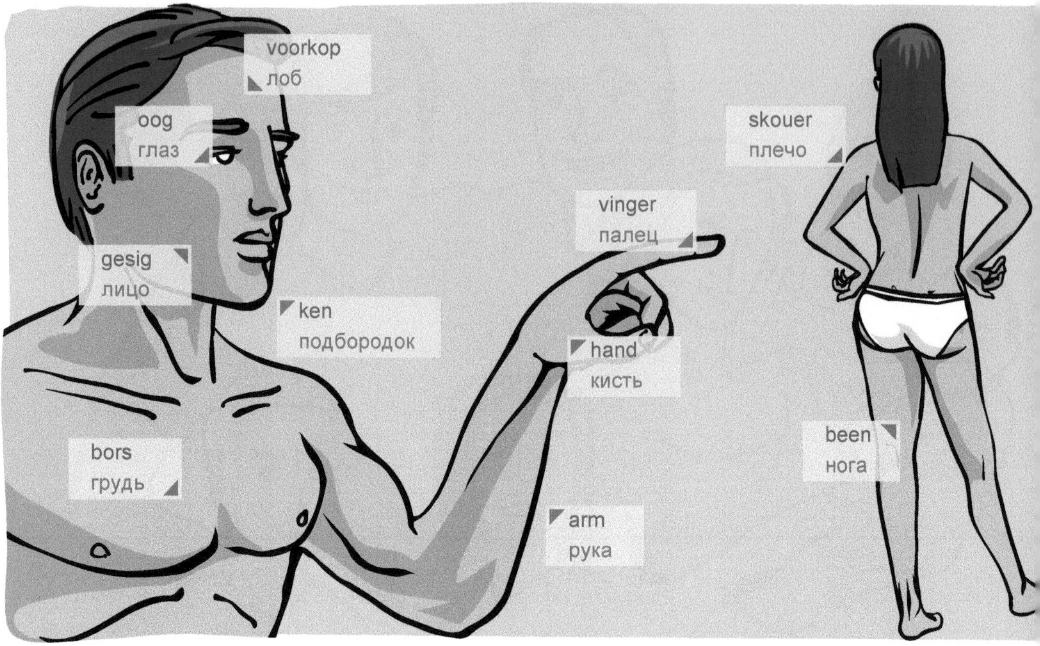

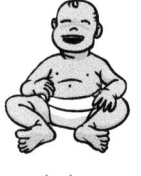

baba

младенец

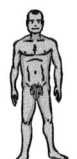

man

мужчина

vrou

женщина

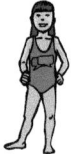

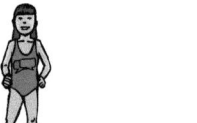

meisie

девочка

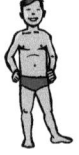

seun

мальчик

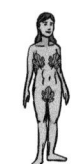

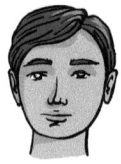

kop

голова

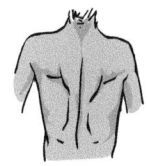

rug

спина

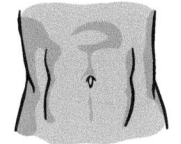

buik

живот

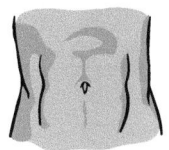

naelstring

пупок

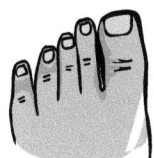

toon

палец ноги

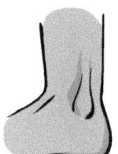

hak

пятка

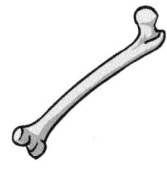

been

кость

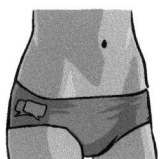

heup

бедро

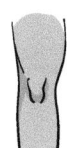

knie

колено

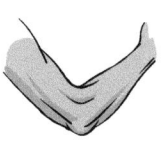

elmboog

локоть

neus

нос

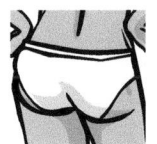

boude

ягодицы

vel

кожа

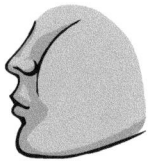

wang

щека

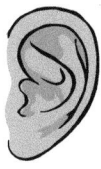

oor

ухо

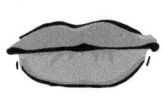

lippe

губа

mond

рот

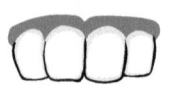

tand

зуб

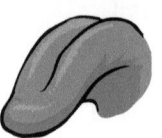

tong

язык

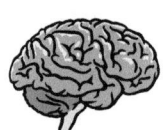

brein

мозг

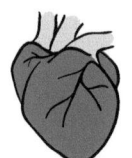

hart

сердце

spiere

мышца

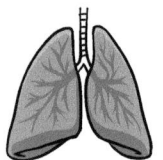

long

лёгкое

lewer

печень

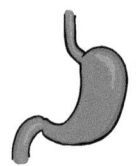

maag

желудок

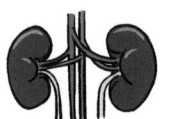

niere

почки

seks

половой акт

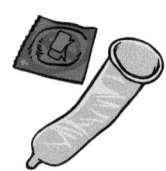

kondoom

презерватив

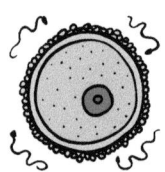

eierstok

яйцеклетка

semen

сперма

swangerskap

беременность

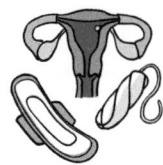

menstruasie

менструация

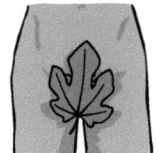

vagina

вагина

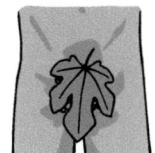

penis

пенис

wenkbrou

бровь

hare

волосы

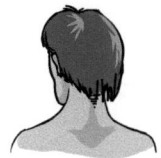

nek

шея

hospitaal
больница

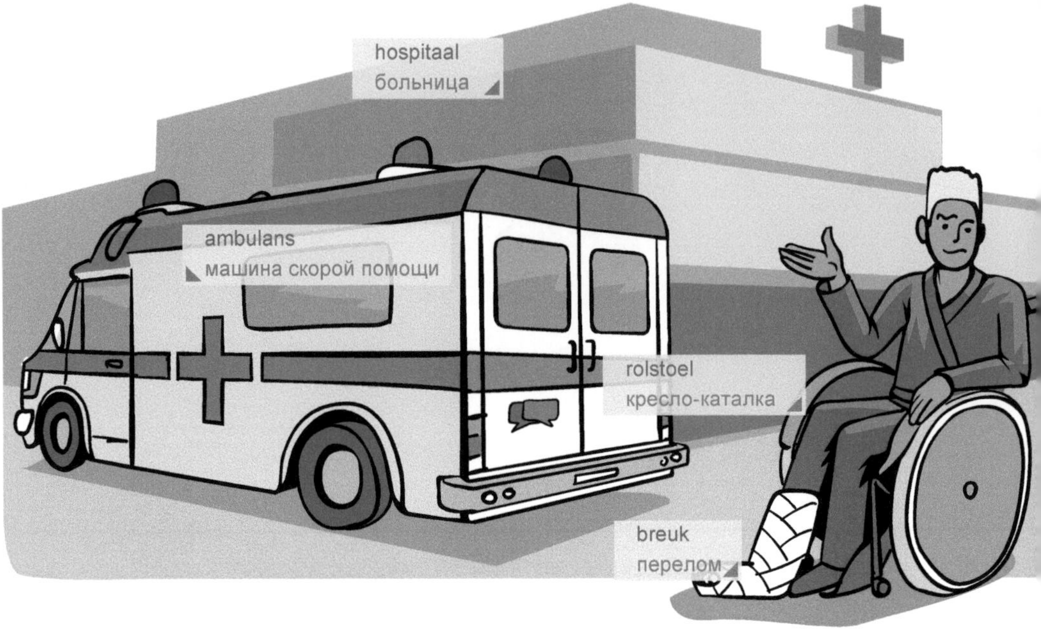

hospitaal
больница
ambulans
машина скорой помощи
rolstoel
кресло-каталка
breuk
перелом

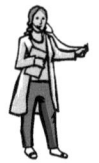

dokter

врач

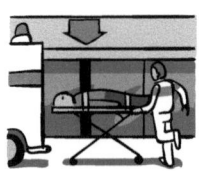

ongevalle

пункт первой помощи

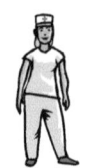

verpleegster

медсестра

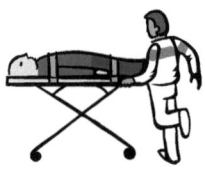

noodgeval

неотложный случай

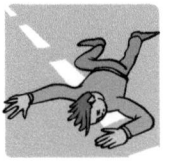

bewusteloos

без сознания

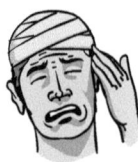

pyn

боль

besering

повреждение

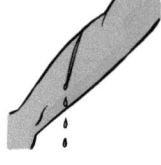

bloeding

кровотечение

hartaanval

инфаркт

beroerte

инсульт

allergie

аллергия

hoes

кашель

koors

вышенная температура

griep

грипп

diarree

понос

hoofpyn

головная боль

kanker

рак

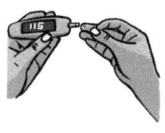

diabetes

диабет

chirurg

хирург

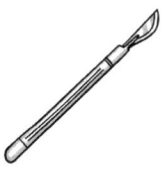

skalpel

скальпель

operasie

операция

CT

КТ

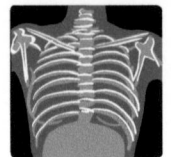

X-straal

рентген

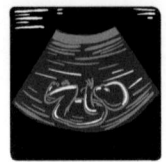

ultraklank

ультразвук

gesigmasker

маска

siekte

болезнь

wagkamer

приёмная

kruk

костыль

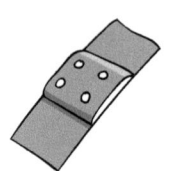

gips

пластырь

verband

бинт

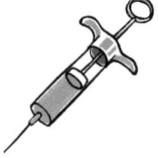

inspuiting

укол

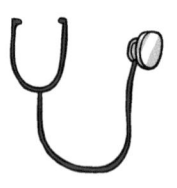

stetoskoop

стетоскоп

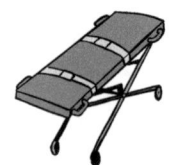

draagbaar

носилки

kliniese termometer

термометр

geboorte

рождение

oorgewig

избыточный вес

gehoorapparaat

слуховой аппарат

ontsmettingsmiddel

дезинфекционное средство

infeksie

инфекция

virus

вирус

MIV / vigs

ВИЧ / СПИД

medisyne

лекарство

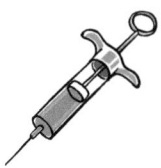

inenting

прививка

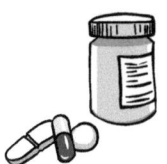

tablette

таблетки

pil

противозачаточная таблетка

noodoproep

экстренный вызов

blooddrukmonitor

прибор для измерения кровяного давления

siek / gesond

больной / здоровый

Help!

Помогите!

alarm

сигнал тревоги

aanranding

нападение

aanval

атака

gevaar

опасность

nooduitgang

запасной выход

Brand!

Пожар!

brandblusser

огнетушитель

ongeluk

несчастный случай

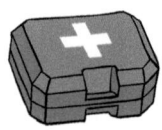

noodhulpkissie

аптечка

SOS

SOS

polisie

милиция

Europa

Европа

Noord-Amerika

Северная Америка

Suid-Amerika

Южная Америка

Afrika

Африка

Asië

Азия

Australië

Австралия

Atlantiese Oseaan

Атлантический океан

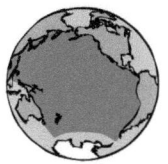

Stille Oseaan

Тихий океан

Indiese Oseaan

Индийский океан

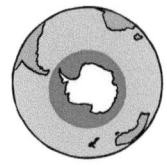

Antarktiese Oseaan

Антарктический океан

Arktiese Oseaan

Северный Ледовитый
океан

Noordpool

Северный полюс

Suidpool

Южный полюс

Antarktika

Антарктика

aarde

земля

land

суша

see

море

eiland

остров

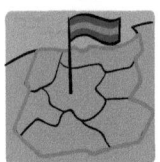

nasie

нация

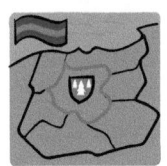

staat

государство

horlosie

циферблат

uur-aanwyser

часовая стрелка

minuut-aanwyser

минутная стрелка

sekonde-aanwyser

секундная стрелка

Hoe laat is dit?

Который час?

dag

день

tyd

время

nou

сейчас

digitale horlosie

электронные часы

minuut

минута

uur

час

week

неделя

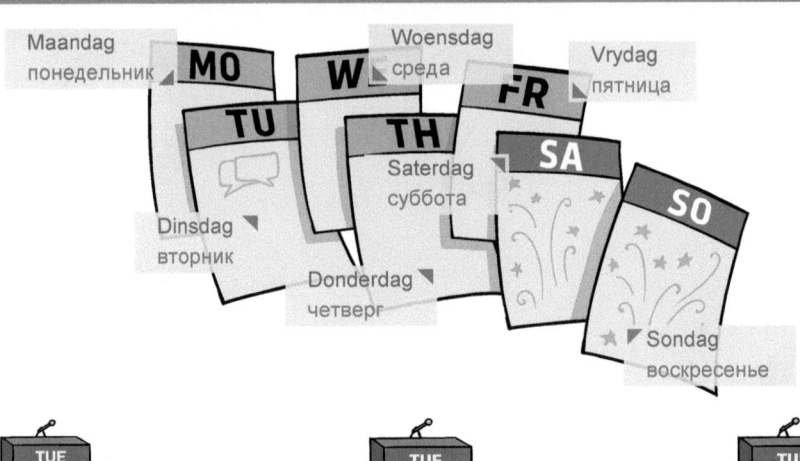

gister

вчера

vandag

сегодня

môre

завтра

oggend

утро

middag

полдень

aand

вечер

MO	TU	WE	TH	FR	SA	SU
1	2	3	4	5	6	7
8	9	10	11	12	13	14
15	16	17	18	19	20	21
22	23	24	25	26	27	28
29	30	31	1	2	3	4

werksdae

рабочие дни

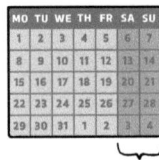

naweek

выходные

jaar

год

reën
дождь
reënboog
радуга
wind
ветер
sneeu
снег
lente
весна
Herfs
осень
somer
лето
winter
зима

4.APRIL 11°
5.APRIL 4°
6.APRIL 13°
7.APRIL 8°
8.APRIL 10°

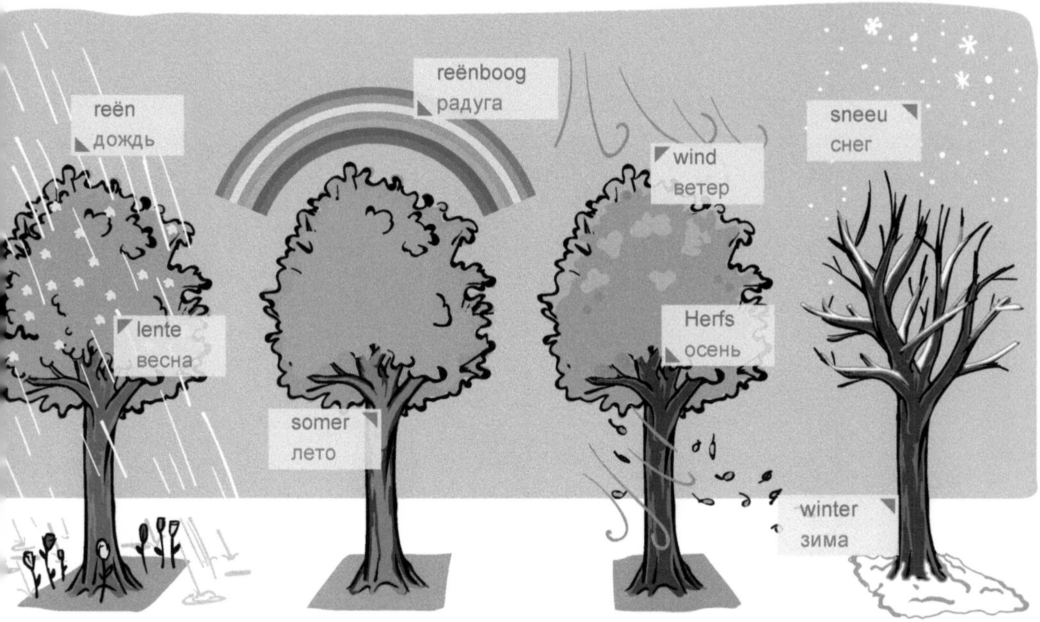

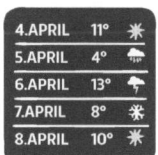

weervoorspelling

прогноз погоды

F
C
120
90
60
30
0
-30
40
30
20
10
0
-10
-20

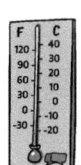

termometer

термометр

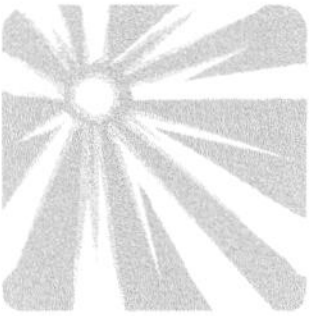

sonskyn

солнечный свет

wolk

туча

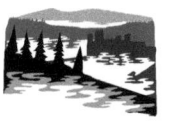

mis

туман

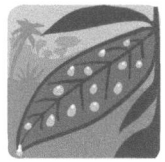

humiditeit

влажность воздуха

weerlig

молния

donderweer

гром

storm

буря

hael

град

reënseisoen

муссон

vloed

наводнение

ys

лёд

Januarie

январь

Februarie

февраль

Maart

март

April

апрель

Mei

май

Junie

июнь

Julie

июль

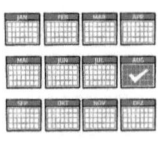

Augustus

август

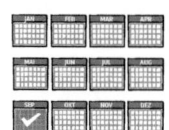

September
....
сентябрь

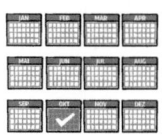

Oktober
....
октябрь

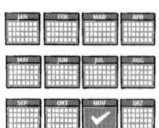

November
....
ноябрь

Desember
....
декабрь

vorms
формы

sirkel
....
круг

vierkant
....
квадрат

reghoek
....
прямоугольник

driehoek
....
треугольник

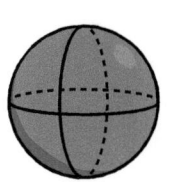

gebied
....
шар

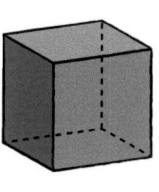

kubus
....
куб

kleure

цвета

wit

белый

geel

желтый

oranje

оранжевый

pink

розовый

rooi

красный

pers

лиловый

blou

синий

groen

зелёный

bruin

коричневый

grys

серый

swart

черный

'n baie / 'n bietjie

много / мало

kwaad / kalm

яростный / мирный

pragtig / lelik

красивый / уродливый

begin / einde

начало / конец

groot / klein

большой / маленький

helder / donker

светлый / темный

broer / suster

брат / сестра

skoon / vuil

чистый / грязный

volledige / onvolledige

полный / неполный

dag / nag

день / ночь

dood / lewendig

мёртвый / живой

wyd / smal

широкий / узкий

eetbare / oneetbaar

съедобный / несъедобный

kwaad / vriendelik

злой / дружелюбный

opgewonde / verveeld

взволнованный / скучающий

vet / maer

толстый / худой

eerste / laaste

сначала / в конце

vriend / vyand

друг / враг

vol / leeg

полный / пустой

hard / sag

твёрдый / мягкий

swaar / lig

тяжёлый / легкий

honger / dors

голод / жажда

siek / gesond

больной / здоровый

onwettige / wettige

незаконный / законный

slim / dom

умный / глупый

links / regs

слева / справа

naby / vêr

близко / далеко

nuut / tweedehands

новый / подержанный

niks / iets

ничто / нечто

oud / jonk

старый / молодой

aan / af

включено / выключено

oop / toe

открыто / закрыто

stil / lawaaierig

тихо / громко

ryk / arm

богатый / бедный

reg / verkeerd

правильный /
неправильный

grof / glad

шероховатый / гладкий

hartseer / gelukkig

печальный / счастливый

kort / lank

короткий / длинный

stadig / vinnig

медленный / быстрый

nat / droog

мокрый / сухой

warm / koel

тёплый / прохладный

oorlog / vrede

война / мир

teenoorgesteldes - противоположности

0

nul

ноль

1

een

один

2

twee

два

3

drie

три

4

vier

четыре

5

vyf

пять

6

ses

шесть

7

sewe

семь

8

agt

восемь

9

nege

девять

10

tien

десять

11

elf

одиннадцать

12

twaalf
....
двенадцать

13

dertien
....
тринадцать

14

veertien
....
четырнадцать

15

vyftien
....
пятнадцать

16

sestien
....
шестнадцать

17

sewentien
....
семнадцать

18

agtien
....
восемнадцать

19

negentien
....
девятнадцать

20

twintig
....
двадцать

100

honderd
....
сто

1.000

duisend
....
тысяча

1.000.000

miljoen
....
миллион

Engels

английский

Amerikaanse Engels

американский английский

Mandaryns

мандаринский китайский

Hindi

хинди

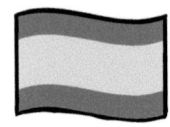

Spaans

испанский

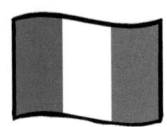

Frans

французский

Arabies

арабский

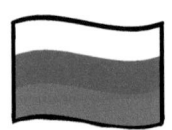

Russies

русский

Portugees

португальский

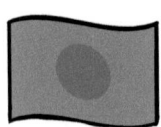

Bengaals

бенгальский

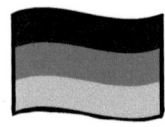

Duits

немецкий

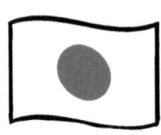

Japanees

японский

Ek

я

jy

ты

hy / sy / dit

он / она / оно

ons

мы

julle

вы

hulle

они

wie?

кто?

wat?

что?

hoe?

как?

waar?

где?

wanneer?

когда?

naam

имя

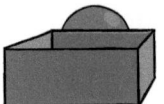

agter

за

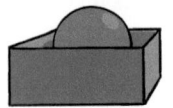

in

в

voor

перед

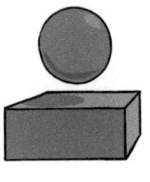

oor

над

bo-op

на

onder

под

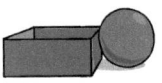

langs

рядом

tussen

между

plek

место